BULLYING!!

Na história "Um amigo especial", você pode observar que existem diferentes atitudes que os alunos tomam em relação ao Aldo, que é um menino especial, pois é autista. Vamos entender quais são essas atitudes e quem as tomou?

OS INDIFERENTES
São aqueles que, percebendo que o Aldo é diferente, procuram não se aproximar dele, deixando-o sozinho. Na história são representados pela Aninha e pelo Beto.

O AMIGO
É aquele que não vê problema algum no fato de o Aldo ser diferente e procura ser amigo dele, mesmo encontrando resistência. Na história é representado pelo Lukas.

OS AGRESSORES
São aqueles que, vendo o quanto o Aldo é diferente, se acham no direito de discriminá-lo. Zombam, agridem verbalmente e o intimidam, inclusive rasgando seu livro. Na história são representados por 3 garotos.

As atitudes dos garotos "agressores" são aquilo que chamamos de bullying, que é a prática de atos violentos, intencionais e repetidos contra uma pessoa indefesa. Quando alguém pratica bullying, ele deixa claro que não tem empatia (se colocar no lugar do outro) pela pessoa agredida, não se importando com ela e assim causando muito sofrimento.

Na sua vida, siga sempre o exemplo do Lukas, estendendo sua amizade para o máximo de pessoas que puder. Cuide sempre das suas atitudes, verificando se por acaso você não está constrangendo ou magoando alguém.

Se você sofrer bullying por parte de alguém, não fique em silêncio. Conte para seus pais ou responsáveis, e se isso acontece na escola, procure ajuda junto a professores e direção.

Na próxima história, João Abelha, que começa na página 21, também acontecem situações de bullying. Leia atentamente e procure descobrir: quem sofreu bullying, por parte de quem e qual foi a forma que isso ocorreu. Depois que fizer isso, verifique na página de respostas se você acertou essas questões.

DINOSSAUROS

O significado do nome Dinossauro é "lagarto terrível", mas esse nome não é muito adequado, pois nem todos os dinos eram muito parecidos com lagartos, e a maioria deles não era tão terrível assim. Muitos deles eram dóceis herbívoros que conviviam pacificamente. Porém um ramo da família dos dinossauros, chamados de Terópodes (que em geral eram carnívoros), mereceriam a classificação original de terríveis, pois alguns exemplares pertencentes a esse grupo foram os maiores carnívoros terrestres que já existiram no nosso planeta. Em contrapartida, em outro grupo familiar, os Saurópodes, se desenvolveram as maiores criaturas terrestres conhecidas até o momento a habitar o planeta. Mas apesar de enormes não eram agressivos, a não ser para defesa.

JÁ TE CONTEI QUANDO MEU TATATATATATATATARAVÔ VENCEU UM TIRANOSSAURO REX?

VOCÊ SABIA?

Nem todos os répteis desapareceram junto com os dinossauros. Alguns sobreviveram! Muitos dos répteis que conhecemos hoje já existiam quando os dinossauros desapareceram. É o caso dos lagartos, cobras, tartarugas e crocodilos.

OI, PESCOCINHO!

IHHH... ACHO QUE ERREI DE OVO!

PESCOÇUDO

Ô loco! Dono de um pescoção de 8 metros de comprimento, flexível e comprido, composto por 70 vértebras (mais do que qualquer vertebrado), que terminava numa cabeça minúscula de cerca de 60 centímetros.

O ELASMOSSAURO, um gigantesco réptil marinho, viveu no fim do período Cretáceo no que corresponde à atual América do Norte. A partir da dentição, deduz-se que ele era carnívoro e que se alimentava de pequenos peixes. O seu pescoço com quase a metade de seu corpo lhe dava um aspecto um tanto quanto engraçado.

A girafa, detentora do maior pescoço entre os animais de hoje, possui apenas 7 vértebras. Perderia de goleada para o Elasmossauro!

MASCOTINHO

O título de mascote dos dinossauros é do COMPSOGNATO. O "bichim" viveu há 150 milhões de anos conforme fósseis encontrados na Alemanha e na França na década de 1850. Ele tinha 45 cm de altura, pesava cerca de 3 kg, e se alimentava de plantas e insetos.

DIZ AÍ, POUCA SOMBRA!

JÁ ACABOU A BORRACHINHA AZUL?

VOCÊ SABIA?

Alguns dinossauros como o Diplodocos, o Camarassauro e o Brachiossauro tinham grandes narinas na ponta do focinho. Os únicos animais de hoje com narinas similares são os elefantes, os leões-marinhos e as antas.

DENTÃO

O HADROSSAURO, o dentucinho pré-histórico, era o que tinha mais dentes. Com 480 em cada arcada, somando 960 dentes, e ainda renováveis. Um tubarão tem em média entre 70 a 80 dentes, um ser humano adulto tem apenas 32. Durante seu tempo de vida, um hadrossauro pode ter tido até 10.000 dentes. Imagine o preço do aparelho dentário!

QUE PEDRINHA LEGAL! DERRR...

BOBÃO

O ESTEGOSAURO tinha o menor cérebro proporcional ao corpo. Com suas 5 toneladas de peso e quase 10 metros de comprimento, essa criatura tinha um cérebro do tamanho de uma noz! Mas isso não significa que esse imenso herbívoro era um completo estúpido. Na verdade ele não precisava ter um cérebro muito grande, pois todo seu comportamento era baseado nos seus genes, ou seja, ele já nascia com todo o aparato comportamental necessário para sua sobrevivência. Isso é o que chamamos de instinto.

FUI!

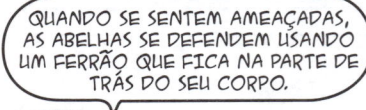

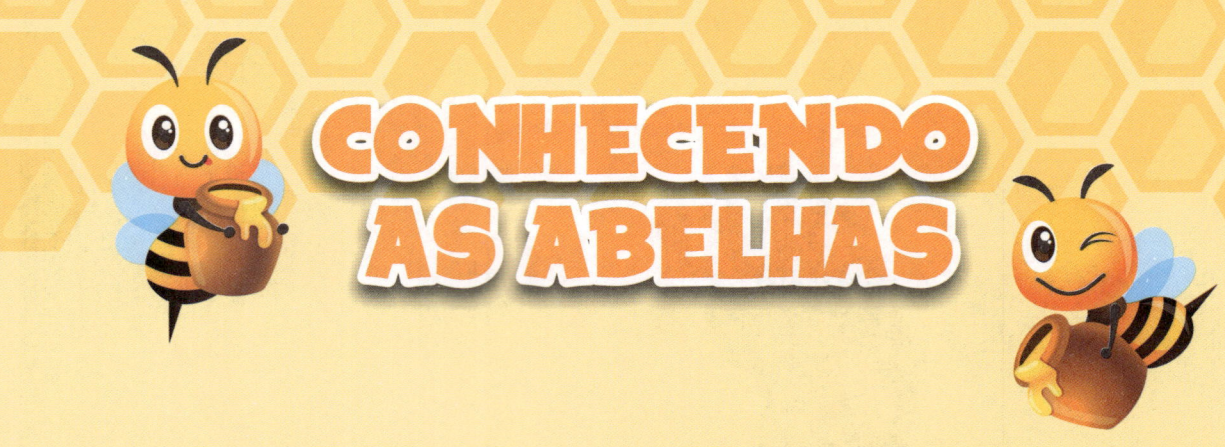

CONHECENDO AS ABELHAS

Com certeza você já viu uma ou mais abelhas e deve ter percebido que elas são uns bichinhos muito interessantes.

Na história do João Abelha, todos ficaram com medo dela, pois não sabiam muita coisa a seu respeito. Para que você não fique na mesma situação, nós preparamos informações que vão te mostrar a importância dessas nossas amiguinhas. Amiguinhas?

ISSO MESMO, AS ABELHAS SÃO AMIGAS DA NATUREZA E DO HOMEM!

As abelhas são insetos voadores, primas das vespas e das formigas. Elas vivem em colônias que são chamadas de colmeias, onde vivem em média de 50 a 100 mil delas. Essas colmeias podem estar ao ar livre na natureza, ou podem ser colocadas em locais especiais para isso por pessoas que cuidam das abelhas, os apicultores.

Os apicultores cuidam das abelhas e daquilo que elas produzem de mais importante: o mel. Na verdade, elas são os únicos insetos que produzem alimento que o ser humano consome. E que alimento! O mel é um alimento completo para a sustentação da vida, pois é composto de vitaminas, minerais, água, enzimas e antioxidante.

Se você acha que produzir o mel é algo fácil, você está enganado. Vamos então conhecer um pouco melhor como é a vida dessas nossas amigas voadoras, e depois de ler isso, com certeza você vai virar fã delas.

PARA UMA COLMEIA EXISTIR E CRESCER NATURALMENTE, EXISTEM NELA TRÊS TIPOS DE ABELHAS, E CADA UMA COM UMA MISSÃO ESPECIAL.

VAMOS CONHECER CADA UMA DELAS.

RAINHA: só existe uma única rainha na colmeia. Somente ela é que tem a capacidade de reprodução, de trazer à vida novas abelhas. E é o que ela fará durante seu longo ciclo de vida, que dura em média dois anos. Ela tem a capacidade de colocar até mil ovos em apenas um dia. É alimentada pelas abelhas operárias com um produto chamado geleia real. Apesar do trabalho cansativo de ficar colocando ovos, ela literalmente leva uma vida de rainha. Caso aconteça de duas se encontrarem numa mesma colmeia, elas lutarão até que só reste uma.

ZANGÕES: apesar do nome intimidador, você não deve se assustar com os zangões, pois eles não são "zangados". São as únicas abelhas do sexo masculino da colmeia, ou seja, são machos. Sua função é fecundar a rainha durante o chamado voo nupcial, e após isso, eles morrem. Os zangões não possuem ferrão e nem qualquer "equipamento" para exercerem outra função que não seja a reprodução. Também, em época de escassez de alimentos, as operárias expulsam eles da colmeia, o que faz com que eles morram de fome.

OPERÁRIAS: são abelhas que não têm a capacidade de reprodução, mas em compensação, como seu próprio nome já diz, elas são as incansáveis trabalhadoras da colmeia. Além de várias funções, que veremos na próxima página, as operárias colhem o pólen e o néctar das flores para alimentar a rainha e também as larvas da colmeia. São elas que constroem a colmeia, fazem os favos de cera e de mel, limpam a colmeia e são também as guardiãs. De acordo com sua idade (vivem em média 42 dias), as operárias executam diversas funções.

CURIOSIDADES SOBRE AS ABELHAS:

1. Durante o voo, as abelhas batem suas asas aproximadamente 11 mil vezes por minuto.
2. As abelhas mais experientes ensinam às mais jovens a produzir mel.
3. Uma rainha pode colocar cerca de 200 mil ovos num ano.
4. Cada colônia de abelhas possui um odor (cheiro) característico para que as abelhas não errem de endereço ao voltar da coleta.
5. O mel é um alimento completo para a sustentação da vida, pois é composto de vitaminas, minerais, água, enzimas e antioxidante.
6. Elas podem voar a uma velocidade de mais de 20km por hora.
7. Uma abelha operária pode visitar cerca de duas mil flores em um único dia.
8. Para produzir 1kg de mel, é necessário visitar cerca de 4 milhões de flores.
9. As abelhas são responsáveis pela polinização de cerca de 80% das culturas mundiais.

CAÇA-PALAVRAS

Encontre abaixo as palavras em destaque no texto acima

F	P	G	D	H	J	A	B	E	L	H	A	S	T	J	W	C	K	M	O
P	H	U	I	T	I	L	N	Y	Z	K	M	A	B	F	C	T	O	U	D
R	Q	H	U	Z	R	I	R	S	T	U	I	O	M	L	N	C	K	M	O
O	W	C	G	F	D	M	E	E	S	T	N	M	K	O	T	P	Q	O	R
D	U	H	I	J	N	E	P	G	N	I	M	J	R	R	X	B	C	D	Z
U	V	K	N	M	O	N	W	S	V	X	Y	Z	A	E	O	T	H	N	O
Z	Z	Q	L	P	M	T	Y	K	M	F	G	H	E	S	U	L	M	N	S
I	P	E	A	B	R	O	V	M	E	K	I	J	I	X	S	O	P	R	T
R	G	C	E	D	U	S	P	O	L	I	N	I	Z	A	Ç	Ã	O	U	X
F	T	V	N	N	K	X	Y	Z	D	Á	A	B	B	C	X	S	Z	W	Y
O	G	H	J	K	L	Q	R	R	T	V	E	L	O	C	I	D	A	D	E
Z	R	A	I	N	H	A	S	V	V	W	X	Y	K	M	K	O	S	Q	T
T	Y	X	A	W	E	D	R	A	C	B	N	M	R	S	T	U	A	W	C
J	S	I	N	T	F	G	A	M	P	O	Q	A	I	K	B	C	S	C	T
K	L	O	P	E	R	Á	R	I	A	N	I	H	G	F	E	D	O	R	F

AS ABELHAS E O RESTO DO PLANETA

As abelhas são essenciais para o planeta e o equilíbrio do ecossistema. São elas que polinizam plantações de legumes, grãos e frutas, o que é indispensável, já que através da polinização, cerca de 80% das plantas se reproduzem. A polinização é o transporte de pólen de uma flor para outra, de modo que através dela as flores são fecundadas, começando a desenvolver frutos e sementes. A abelha é o animal mais famoso pela capacidade de polinização por ser mais rápido, voando em ziguezague e visitando milhares de flores.

Elas são pequenas no tamanho, mas de uma importância gigante para o planeta. Sem elas, o mel acabaria e, junto, os produtos agrícolas.

A vida selvagem em geral sofreria sem elas, já que a vegetação seria reduzida de modo excessivo, e assim toda a vida em nosso planeta.

Preencha as palavras cruzadas de acordo com a função de cada abelha na colmeia.

1. Engenheiras
2. Faxineiras
3. Zangão
4. Cozinheira
5. Sentinelas
6. Coletoras
7. Rainha